MÉMOIRE

A SA MAJESTÉ

NAPOLÉON III

EMPEREUR DES FRANÇAIS,

PAR LE

HADJI ABD-EL-HAMID BEY

(M. DU COURET),

VOYAGEUR EN AFRIQUE ET EN ASIE,

SUR

Les résultats de la mission officielle que ce voyageur vient de remplir en Afrique, et sur les espérances que ce vaste continent offre à la France au point de vue algérien et sénégalais, sous les rapports politique, scientifique et commercial.

1853.

A SA MAJESTÉ

NAPOLÉON III,

EMPEREUR DES FRANÇAIS.

SIRE,

En 1849, j'eus l'honneur d'être chargé, par MM. les ministres des affaires étrangères, de l'instruction publique et du commerce, de la mission de franchir par terre la distance qui sépare nos possessions d'Algérie et du Sénégal en passant par Tembektou, puis de gagner le cap de Bonne-Espérance, et de traverser l'Afrique du sud au nord dans toute sa longueur pour regagner Alger.

L'intervention des trois ministères dans la mission dont j'étais chargé en indiquait assez le triple but, politique, scientifique et commercial. Aucune mission plus grande, plus fertile et en même temps plus périlleuse ne pouvait être confiée à un seul homme.

La conquête des côtes de l'Afrique septentrionale, si longtemps barbares et inhospitalières, est un événement providentiel qui a consacré à jamais les droits de la civilisation sur la barbarie; mais en plantant son drapeau victorieux sur le sol algérien, en portant la gloire de son nom et l'éclat de ses armes jusqu'aux frontières du Grand-Désert, la France n'a encore accompli qu'une faible partie de la grande mission que la Providence lui destine. Un immense horizon, de vastes contrées encore inconnues et inexplorées s'ouvrent devant elle; il s'agit d'y faire pénétrer les rayons du flambeau civilisateur qui éclaire déjà l'Algérie; de frayer une route, jusqu'aux rives du Niger, aux produits de nos arts et de notre industrie; enfin de soumettre les peuples de ces contrées à l'ascendant de notre supériorité morale, politique et industrielle, en nous les attachant par les liens si puissants des intérêts commerciaux.

Désigné par votre gouvernement pour aller reconnaître les étapes de ces immenses solitudes que l'on nomme le Grand-Désert, pour aller poser les premiers jalons de la marche de notre civilisation vers le centre africain, pour aller nouer nos premières relations commerciales avec ces contrées si riches en produits de toute espèce, je comprenais toute l'importance de la mission qui m'était confiée; je puisais assez de force et de courage pour braver toutes les privations, tous les dangers de ce long et pénible voyage dans la conviction qui m'animait, que j'allais rendre d'immenses services à mon pays, et attacher mon nom à une grande œuvre.

Le cœur plein de ces idées, et avec une ferme confiance dans le succès de mon entreprise, je quittai Paris au mois de décembre 1849 pour commencer cette grande et aventureuse exploration qui devait me retenir plusieurs années dans l'intérieur du continent africain, au-delà des possessions françaises.

Une condition essentielle, pour atteindre le but que je me proposais, était de dissimuler aux populations ignorantes et fanatiques avec lesquelles j'allais être en contact, ma qualité d'envoyé d'une puissance chrétienne; je devais avant tout, pour capter leur confiance et les faire concourir plus tard à mes desseins, me présenter à elles comme un pur musulman, et m'imposer à leur respect et à leur vénération par mon double titre de Bey et de Hadji (ou pèlerin de la Mecque). C'est pourquoi, au lieu de pénétrer dans l'intérieur par l'Algérie où mes relations avec les chrétiens auraient pu me précéder dans le Désert, je préférai y pénétrer par un pays musulman, par la régence de Tunis.

Malheureusement, Sire, des obstacles d'autant plus imprévus qu'ils ne vinrent pas du pays que je devais parcourir, mais de la France, entravèrent et firent échouer ma mission. Je n'accuse personne, je crois même qu'il faut plutôt s'en prendre aux événements qu'aux hommes; les changements ministériels si fréquents à cette époque, les incertitudes et les préoccupations d'un avenir qui s'annonçait alors gros d'orages, furent les causes principales de l'oubli et de l'abandon dans lesquels on me laissa.

A peine étais-je arrivé à Tunis, que je ressentais déjà l'effet des influences funestes qui devaient paralyser ma mission dès son début. L'autorité dont je suis le délégué semble m'oublier; j'attends inutilement pendant plusieurs mois les échantillons des chambres de commerce qui m'avaient été annoncés et promis par le ministère. On me laisse manquer d'argent, une de mes traites même retourne protestée, et, pour comble de disgrâce, un oubli inexplicable du consul général français à Tunis me fait signaler, dans le permis même qui m'est délivré par le bey pour voyager dans toute la régence, comme un employé français et comme un chrétien travesti en musulman.

La position qui m'était ainsi faite, si éloignée de celle que je devais et que je voulais prendre, m'exposa aux plus grands dangers. A Sfax, le parti anglo-napolitain, appuyé par les autorités beyales, me fit passer pour un empoisonneur de puits et comme portant avec moi le choléra (le fléau sévissait alors dans cette province). Les populations armées s'ameutèrent contre moi, et, sans mon courage, mon sang-froid, et l'adresse persuasive que je sus déployer dans cette circonstance, j'aurais été infailliblement assassiné par les tribus arabes de l'intérieur chez lesquelles je me présentai seul avec mon jeune fils.

Vers la même époque, une influence, que j'aime croire ignorante plutôt qu'hostile, mais émanée du palais de France à Tripoli, faisait insérer dans le *Portafoglio-Maltese*, qui s'imprime en italien et se lit sur toute la côte d'Afrique, un article peu flatteur pour moi, et dans lequel, à côté de mon nom arabe, on n'avait pas omis de faire connaître ma nationalité.

Ainsi, ma mission qui, pour réussir, avait besoin du plus grand secret, se trouvait ébruitée, et cela, par les agents même du gouvernement qui me l'avait confiée !

Cependant, malgré tous ces obstacles, malgré l'abandon et le manque d'argent dans lesquels me laissèrent les ministères qui ne répondirent à aucune de mes nombreuses lettres, je parvins, en m'imposant bien des sacrifices, en m'exposant à bien des privations et avec mes propres ressources ou celles de quelques amis, à gagner les oasis du sud.

Arrivé dans l'*Ouad-Souf*, je ne tardai pas à m'apercevoir que la malveillance m'y avait précédé et que j'y étais signalé comme dans la régence de Tunis, d'après le rapport des indigènes qui m'étaient dévoués; les tribus fanatiques et cupides de l'intérieur m'attendaient sur la route pour m'assassiner et me dépouiller. Force me fut donc de renoncer pour le moment au projet de pénétrer dans l'Afrique intérieure. Ma position devint même si critique, que je dus en informer le commandant de Biskra, et demander son appui, qu'il m'accorda immédiatement, mais, malheureusement encore, en me signalant aux populations comme Français.

Malgré cela, je parvins à quitter l'Ouad-Souf et à gagner, à travers mille dangers, l'oasis de Tuggurt, où je fus parfaitement accueilli par le cheik Ben-Djellab.

A cette époque, un nouvel ennemi de la France, un chérif, appelé Mohammed-ben-Abdallah, venait d'apparaître dans l'Ouad-R'ir. Témacin, la rivale de Tuggurt, s'était déclarée en sa faveur et menaçait cette dernière ville. Il n'y avait pas à hésiter; le dévouement de Ben-Djellab à la France m'indiquait de quel côté je devais me tourner, et je me mis à la disposition de ce dernier en l'aidant de mes conseils et de mon expérience. Notre lutte devant Témacin fut longue et sanglànte, mais le fanatisme religieux, recrutant chaque jour de nouveaux partisans au chérif, surtout après la défection des nomades envoyés par le commandant supérieur de Biskra au secours de Ben-Djellab, celui-ci comprit qu'il ne pourrait résister longtemps à ses nombreux ennemis, et me pria d'accompagner sa miade (ambassade) à Biskra pour demander l'ntervention d'une colonne française.

C'est sur ces entrefaites que je reçus une dépêche, la seule qui me soit parvenue depuis mon départ, et c'était un ordre de retour! et dans quel moment encore! Dans un moment où je venais de rendre un service non équivoque à la France, et où ma présence à Tuggurt pouvait conjurer de grands malheurs. Comptable de ma conduite envers le gouvernement français, il faut bien que je fasse connaître ce que j'ai fait et ce que j'aurais pu faire. Eh bien! je l'affirme sur l'honneur : si j'étais resté à Tuggurt, par l'influence que j'avais acquise dans ces oasis, par l'amitié que me portait Ben-Djellab, qui, pressentant sa fin, m'avait confié ses enfants et nommé son délégué auprès de l'administration française, j'aurais empêché l'usurpation du cheik Sliman, qui renversa du trône le fils de Ben-Djellab, son cousin, le fit mettre à mort avec tous ses frères, et embrassa ensuite le parti du chérif contre la France.

Ainsi que je l'ai dit à Votre Majesté, je n'accuse que les circonstances et non les hommes; et ce que je regrette, c'est de n'avoir pu donner à mon pays, même au prix de ma vie, de plus grandes preuves de mon dévouement et de mon ardent désir de contribuer, pour ma faible part, à sa prospérité et à sa grandeur en portant pour la première fois l'éclat de son nom dans des régions lointaines et inconnues.

Cependant, Sire, j'ai la satisfaction d'annoncer à Votre Majesté que ma mission, malgré les entraves si imprévues qui en ont arrêté le cours, n'a pas été complétement infructueuse et inutile; peut-être même son interruption tournera au profit de l'Algérie et de notre influence sur les tribus de l'intérieur : car, en sollicitant de Votre Majesté, Sire, la faveur de continuer ma mission, je la recommencerai cette fois avec des chances certaines de réussite et sous la protection d'un nom devant lequel viendront s'incliner toutes les tribus du Désert. J'aurai, pour compagnon de voyage, un prince même de l'Afrique centrale, dont les parents occupent des positions très-élevées chez les Touaregs et les Tibbous, et dont la sœur a épousé le roi actuel du Bournou, le sultan Bello. Ce prince, dont la vie est toute une odyssée, quoiqu'il soit jeune encore, est fils du sultan du Fezzan Abd-el-Djellil, mort assassiné, en 1842, par ordre du pacha de Tripoli, Askar-Ali.

Un voyageur français dans la régence de Tripoli, M. Eugène Subtil, qui a vécu pendant plusieurs années dans l'intimité du sultan Abd-el-Djellil et qui se trouve à Paris, a fait insérer dans la *Revue de l'Orient*, en 1842, n°s 17 et 18, deux articles biographiques sur cet homme remarquable, qui fut un des plus intrépides défenseurs de la nationalité arabe à Tripoli et l'ami de la famille Karamanly, qui régnait alors sur cette régence, lorsque les Turcs vinrent l'en déposséder. Abd-el-Djellil soutint pendant plusieurs années, et avec succès, la guerre contre les envahisseurs de son pays et serait probablement parvenu à les en chasser complétement, si Askar-Ali n'eût employé la ruse et la perfidie pour se défaire d'un ennemi qu'il ne pouvait vaincre par la force des armes.

Attirés dans un guet-apens par de faux dehors d'amitié et sous prétexte de conclure un traité de paix, Abd-el-Djellil et son frère, Seif-el-Nasser, furent égorgés; un de ses fils et deux fils de Seif-el-Nasser, faits prisonniers, furent étranglés, à Mesurata.

S. Ex. le maréchal Soult, pressentant déjà à cette époque l'extension que l'influence française devait prendre un jour vers le Désert, et d'ailleurs parfaitement renseigné sur le caractère chevaleresque et loyal d'Abd-el-Djellil, dont l'alliance pouvait être si utile à nos intérêts algériens, avait chargé M. Subtil d'une mission auprès de ce sultan et en avait obtenu un traité de commerce que les événements racontés plus haut empêchèrent de mettre à exécution.

Le fils aîné de ce prince, Mohammed-Abd-el-Djellil, qui est à Paris avec moi, se trouvait au guet-apens de Gara, si funeste à son père, à son oncle, à son frère et à ses cousins; plus heureux qu'eux, il parvint à se soustraire au yatagan des Turcs, et, après avoir erré quelque temps dans les solitudes de la grande Syrte, il put arriver à Aujelah, l'une des oasis libyques. Le cheik Sliman, dont l'autorité s'étendait sur toute cette oasis, l'accueillit avec de grandes démonstrations d'amitié, mais, en même temps, dans l'espoir d'avoir une forte récompense, il envoya secrètement un courrier à Benghazi prévenir les Turcs que le fils aîné d'Abd-el-Djellil était réfugié chez lui. Prévenu à temps par la femme du cheik de la trahison de son mari, Mohammed put s'échapper et gagner Syouah (l'ancienne oasis d'Ammon). De là, il se dirigea vers la haute Égypte et arriva au Caire, où il se joignit à une caravane de pèlerins qui allait à la Mecque.

Après avoir passé deux ans dans l'Hedjaz, il revint en Égypte, où il fit la rencontre de Mohammed-Bey, petit-fils du pacha Youssouf-Karamanly, l'ancien souverain de Tripoli dépossédé par les Turcs. Le jeune bey lui ayant persuadé d'aller porter ses réclamations aux pieds du sultan, Abd-ul-Medjid, il s'embarqua pour Constantinople. Mais, arrivé dans cette capitale, il fut arrêté et conduit prisonnier à Trébizonde, où il retrouva les chefs du parti arabe de Tripoli qui avaient été, eux aussi, faits prisonniers et internés dans cette ville.

Au bout de quelque temps, Mohammed s'évada de Trébizonde et débarqua à Malte. Enfin, après mille vicissitudes, il arriva, par la régence de Tunis, jusqu'à Tuggurt, d'où il comptait aller rejoindre sa famille dans le désert, lorsqu'une grave maladie le força de s'arrêter dans cette ville. C'est à cette époque que je le recueillis; grâce aux soins et aux secours que je fus à même de lui prodiguer, je m'en fis un ami dévoué. C'est alors que je lui parlai de ma mission et que je lui confiai mon projet de traverser le Grand-Désert. Je lui peignis la France grande, généreuse, hospitalière, je lui laissai même entrevoir que le gouvernement français pourrait le voir avec plaisir remonter sur le trône de son père, s'il consentait, de son côté, à nous servir de toute son influence auprès des tribus du Grand-Désert pour nous frayer une route commerciale jusqu'au centre africain. Abd-el-Djellil me répondit que, comme son père, il serait tout dévoué aux intérêts français, et se décida à m'accompagner à Paris avant de commencer son entreprise.

Je n'entrerai pas ici dans la question politique et commerciale du Grand-Désert, car M. le général Daumas l'a traitée déjà avec une grande supériorité de talent et d'appréciation.

Trois routes principales conduisent de l'Afrique septentrionale au centre africain; l'une, à l'est, par Tripoli et Ghadames; l'autre, à l'ouest, suivie par les caravanes du Maroc, et enfin la dernière, au centre, et qui part de l'Algérie, en passant par la grande oasis du Touat. Ainsi ce Grand-Désert, que l'on avait cru si longtemps impraticable, est sillonné dans tous les sens par de nombreuses caravanes, et offre, dans presque toute son étendue, des points de relâche aux voyageurs, des pâturages, et de nombreux puits pour les animaux.

M. le général Daumas a donné les détails intéressants de la marche, étape par étape, d'une caravane partie de Metlily pour aller à Kachna, capitale du Haoussa, et il est facile de se convaincre que les dangers d'un voyage dans le Désert ne viennent pas seulement du climat et de la nature des pays qu'on doit traverser, mais bien aussi des hordes d'Arabes nomades et pillards qu'on est exposé à rencontrer.

Deux puissantes nations dominent dans le Désert : les Touaregs au sud, à l'est et au centre; les Chaambas au nord et à l'ouest, jusqu'au Touat. L'une et l'autre perçoivent un tribut des caravanes qui traversent leur territoire, et rendent souvent le voyage de ces caravanes d'autant plus périlleux qu'elles en sont les conducteurs. En effet les Touaregs ne manquent jamais d'attaquer et d'égorger les caravanes des Chaambas qui se rendent dans le sud et dans l'est, et les

Chaambas font subir le même sort aux caravanes des Touaregs qui se dirigent vers le nord et l'ouest.

S'il était possible de détruire cette haine héréditaire des deux nations; s'il était possible de les éclairer sur leurs véritables intérêts et de les amener à une réconciliation, les dangers de la traversée du Désert disparaîtraient, et les caravanes pourraient voyager sans aucun risque.

A la France est réservée cette grande tâche qui n'est pas sans difficulté, mais qui, cependant, n'offre rien d'impossible. La sécurité de ses relations commerciales avec les pays du sud est à ce prix.

Les Chaambas sont Algériens, leur territoire rentre dans les frontières naturelles de l'Algérie. Il serait facile, en faisant occuper au besoin les points principaux où ils vont se ravitailler, l'Ouad-Souf, Tuggurt et Ouargla, qui leur appartient, de leur imposer notre volonté en les forçant à renoncer à leurs habitudes de pillage, et à respecter nos caravanes ainsi que les caravanes étrangères qui, de l'intérieur, viendraient trafiquer avec nous.

L'occupation des trois points que je viens de désigner aurait encore l'avantage de rendre moins fréquentes les révoltes, dans le sud, contre l'autorité française et d'empêcher l'apparition de ces faux chérifs qui, en cas de défaite, trouvent toujours un refuge assuré sur le territoire des Chaambas.

Les Touaregs ne sont pas sous notre main comme les Chaambas, et, par leur éloignement, échappent plus à notre influence : cependant le jour n'est pas éloigné où ils subiront la loi commune aux peuples barbares que la civilisation doit tôt ou tard envahir. D'ici là, nous devons rechercher leur alliance et passer des traités de commerce avec eux pour garantir la sécurité de nos caravanes dans leur marche vers l'Afrique centrale.

Ce qui, naguère encore, eût été inexécutable, devient aujourd'hui simple et facile avec Abd-el-Djellil. Sa parenté avec les Touaregs, la protection et l'appui assuré de son oncle paternel le chérif A'mr, leur marabout le plus vénéré et le plus influent, sont des moyens qui doivent nous concilier, si nous savons en profiter, la bienveillance de ces peuples, et les rendre accessibles à toutes nos propositions.

Abd-el-Djellil est un prince éclairé et désormais acquis à la civilisation européenne. Son séjour parmi nous l'a vivement impressionné. Il admire notre industrie, nos arts, nos monuments, et reportera dans le centre africain des idées bien arrêtées sur notre force et notre supériorité.

Rendu, sous nos auspices, à sa famille qui l'attend après un long exil; rendu à l'amour d'une nation qui vénère la mémoire de son père et n'attend que son arrivée pour prendre les armes, et le replacer sur le trône du Fezzan, ce prince, qui nous sera dévoué par sympathie et par reconnaissance, deviendra un des avant-coureurs de cette propagande morale et civilisatrice que nous avons intérêt à faire pénétrer dans le Grand-Désert.

C'est accompagné de ce puissant auxiliaire que j'ose vous demander, Sire, l'ordre de reprendre ma mission dans l'Afrique centrale, mais en modifiant, toutefois, mon itinéraire, car l'intérêt le plus puissant que nous ayons aujourd'hui est de frayer au commerce algérien et sénégalais des routes vers cette intéressante contrée.

Tout le mystère dont il importait de couvrir ma première mission, alors que, voyageant isolément, je pouvais être en butte au fanatisme religieux des peuples de l'intérieur n'est plus nécessaire aujourd'hui. Suffisamment garanti par la présence d'Abd el-Djellil, c'est au nom de la France et comme son protégé que je me présenterai aux peuples du Désert, que je leur ferai connaître nos intentions pacifiques, en demandant leur alliance et leur concours. Je ferai surtout ressortir ce fait, destiné à produire sur les esprits la plus favorable impression : *que la France respecte et honore la religion mahométane, puisqu'elle protége un musulman et lui confie ses plus graves intérêts.*

Mon intention, Sire, serait de pénétrer dans l'intérieur par le Maroc. Abd-el-Djellil est allié, par une sœur de son père, à la famille impériale, dont nous obtiendrions facilement la protection pour gagner la grande oasis du Touat.

Le Touat, la plus considérable et la plus importante des oasis, compte plus de trois cents villes ou villages, et est traversée par presque toutes les caravanes qui sillonnent le Désert. Ses deux principales villes Témimoun et Insalah font un commerce d'échange très-étendu et servent d'entrepôt aux marchandises européennes et nigritiennes. Le Touat, qui a été longtemps sous la protection du Maroc, est aujourd'hui indépendant; mais, par la force des choses, qui poussera la marche providentielle et progressive de France vers les contrées méridionales, il doit un jour être rangé sous notre domination. Dès aujourd'hui il serait du plus haut intérêt pour l'Algérie de faire un traité de commerce avec cette grande oasis qui, par sa position, tient les clefs du Désert et en domine tout le commerce.

Tous mes efforts seront tournés vers ce but, et j'ai de bonnes raisons de croire que je déciderai les chefs du pays à envoyer une députation en Algérie pour traiter cette question; j'espère même les amener à accepter la résidence dans l'une des villes de Timimoun ou d'Insalah d'un agent français.

Ce grand résultat une fois obtenu, notre influence s'étendra rapidement dans les autres parties du Désert, et surtout chez les Touareugs du Djebel-Hoggar, qui en sont peu éloignés, et qui ont des rapports journaliers d'intérêt avec les Touatis.

Lorsque nos relations avec l'oasis du Touat seront bien établies par mes soins, lorsque notre influence s'y sera consolidée et que notre résidant y sera installé, je continuerai ma route à travers le pays des Touareugs et des Tibbous, en marquant chaque point de station que la France devra occuper dans un temps plus ou moins éloigné, pour la facilité et la sécurité de ses relations commerciales avec le centre africain.

Parmi les chefs de ces deux nations, où Abd-el-Djellil retrouvera des amis et des parents, nous obtiendrons facilement des traités pour la protection de nos caravanes, surtout si nous leur promettons de nous servir d'eux comme caravaniers; car ces hommes, qui ont pour premier mobile l'intéret, il faut au moins, s'ils renoncent à leur industrie la plus lucrative, le pillage des caravanes, leur offrir la perspective de trouver leurs moyens d'existence dans la conduite de ces mêmes caravanes.

En quittant ces contrées, nous arriverons dans le Bournou, où Abd-el-Djellil retrouvera son beau-frère Bello, roi du pays. Là, plus facilement encore que partout ailleurs, nous obtiendrons des traités de commerce avantageux.

En effet, Bello, prince éclairé, qui, par la force des armes, a conquis lui-même son trône sur la race nègre, qui a soumis ces peuples à demi sauvages à une administration régulière et les a forcés de quitter l'idolâtrie pour embrasser l'islamisme, sentira toute l'importance de notre alliance, et acceptera avec empressement la proposition que nous lui ferons d'envoyer une ambassade en Algérie et de recevoir auprès de lui un représentant français.

Les marchandises européennes arrivant à Kachena, d'après le tableau qu'en a donné M. le général Daumas, confirmé par Abd-el-Djellil, décuplent de valeur et se vendent à 1,000 pour 100 de bénéfice. Que l'on juge alors de l'immense débouché qu'elles offriront au commerce algérien et des énormes bénéfices qu'il pourra y réaliser, lorsqu'il sera possible d'asseoir nos relations commerciales avec ces contrées sur des bases fixes et régulières!

Le Bournou est la contrée la plus riche de l'Afrique centrale. C'est là que se trouvent la poudre d'or, ces immenses forêts de gommiers, ces nombreux troupeaux d'éléphants, ainsi que mille autres riches produits qui nous sont encore inconnus : c'est là que la science, les arts, l'industrie, ont le plus de conquêtes à faire, le plus de matériaux à s'approprier. Nous y trouverions aussi toute une population de nègres qu'il serait facile, avec le concours du roi du pays, de disposer à l'émigration en Algérie et dans nos colonies de la mer des Indes, complétement déshéritées de bras travailleurs. Les mœurs douces de ces Africains les feraient pencher vers le christianisme, et la France trouverait chez ces nouveaux sujets un puissant auxiliaire dans les temps de calme et aussi dans les temps d'agitation. L'étude de cette vaste contrée et du lac Tchad encore inexplorés sera donc des plus utiles et des plus fructueuses au point de vue politique, scientifique et commercial. Le temps consacré à ce travail peut avoir d'immenses résultats et donner lieu à d'importantes découvertes. Je ferai tous mes efforts pour être à la hauteur de cette grande mission; le zèle et le courage ne me manqueront jamais.

Après avoir obtenu du roi du Bournou des traités de commerce avec l'Algérie, le Sénégal et nos comptoirs de la côte occidentale, je laisserai Abd-el-Djellil préparer, avec sa famille, ses moyens de conquête sur le Fezzan, et je me dirigerai, avec mon jeune fils et mon frère, sur nos comptoirs de Guinée, en passant par Tembektou. De là, je remonterai dans le nord-ouest jusqu'au Sénégal, où j'attendrai les ordres du gouvernement français pour rentrer en Algérie.

Ce voyage a pour but de reconnaître et de tracer la route qui doit relier et mettre en communication nos trois possessions africaines.

Il viendra un temps, Sire, et ceci est infailliblement écrit dans le grand livre de l'avenir, où la civilisation française, par sa force expansive, envahira peu à peu cet immense quadrilatère compris entre la Méditerranée, le golfe de Guinée et l'Océan atlantique, où ces contrées encore mystérieuses, déchirant le voile épais qui les couvre, ouvriront leurs trésors aux explorations de la science, où le commerce, ce grand lien social qui adoucit les maux des hommes, y trouvera des routes aussi sûres et aussi fréquentées que dans notre Europe moderne. Modeste avant-coureur de cette grande révolution, pressentie et reconnue possible par l'empereur Napoléon lui-même, d'illustre mémoire, je demande, Sire, à tracer les routes que la civilisation doit parcourir; à visiter les contrées que le souffle de la France doit régénérer; à aller annoncer aux peuples encore barbares la venue du nouveau Messie qui doit les éclairer et les appeler à de nouvelles destinées.

Je suis peut-être le seul en France qui, par ma position exceptionnelle, puisse remplir avec succès cette grande mission.

Français, et profondément dévoué aux intérêts de mon pays, musulman, avec mes titres de Bey et de Hadji, je réunis toutes les conditions désirables pour inspirer la confiance aux peuples que je dois visiter. D'une santé parfaite et d'une constitution robuste, habitué déjà aux longues et périlleuses pérégrinations, je puis supporter toutes les fatigues et toutes les privations d'un voyage à travers l'Afrique.

L'exploration de l'intérieur de l'Afrique a été le rêve de toute ma vie ; toutes mes études, toutes mes actions ont tendu vers ce but.

Sire, je suis d'une famille qui sait verser son sang pour sa patrie et la gloire de son souverain. Mon père, le colonel du Couret, fut tué en 1813, en Espagne, à la tête de son régiment, pendant la retraite de Vittoria. Son fils, qui n'a pas dégénéré, vous demande à consacrer au service de la France les années de force qui lui restent encore, et à faire aussi, s'il le faut, le sacrifice de sa vie aux intérêts de sa patrie et à la gloire de son empereur.

Daignez, Sire, agréer l'hommage du profond respect avec lequel je suis,

De Votre Majesté,

Le très-humble et très-obéissant serviteur,

HADJI ABD-EL-HAMID BEY,

(C. L. DU COURET.)

Paris. — Imprimerie de Pommeret et Moreau, quai des Grands-Augustins, 17.

www.ingramcontent.com/pod-product-compliance
Lightning Source LLC
LaVergne TN
LVHW052041160826
845678LV00003B/1477

* 9 7 8 2 3 2 9 6 2 6 2 5 3 *